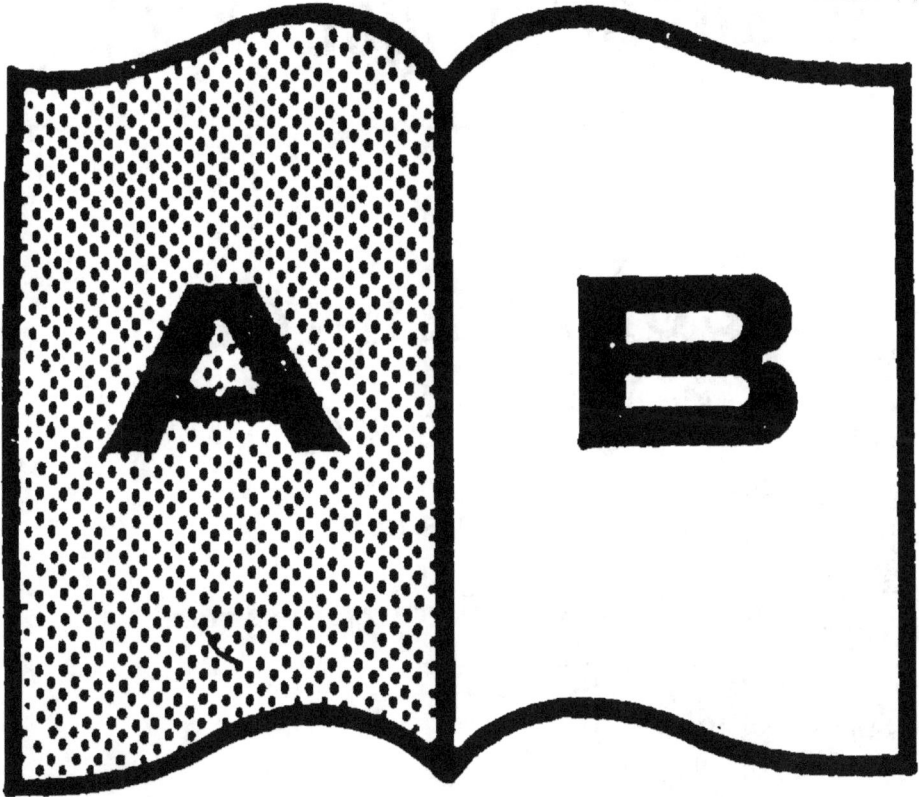

Contraste Insuffisant

NF Z 43-120-14

Il faut prolonger l'École

CONFÉRENCE

PAR AUG. CASSOU

PROFESSEUR

À L'ÉCOLE NORMALE D'INSTITUTEURS DE TULLE

Prix de l'Exemplaire : 0 fr. 40

TULLE

Librairie COURTY, 10, Rue Nationale, 10

1914

Il faut prolonger l'École

CONFÉRENCE

PAR AUG. CASSOU

PROFESSEUR

A L'ÉCOLE NORMALE D'INSTITUTEURS DE TULLE

Prix de l'Exemplaire : O fr. 40

TULLE

Librairie COURTY, 10, Rue Nationale

1914

BROCHURES PARUES :

IL FAUT PROLONGER L'ÉCOLE

I. — Historique

—

L'article 16 de la Constitution de l'an III est ainsi conçu :
« Les jeunes gens ne pourront être inscrits sur les regis-
« tres civiques s'ils ne prouvent qu'ils savent lire et écrire
« et exercer une profession mécanique ou agricole. »

Ainsi, le législateur de 1795 rendait hommage à l'instruction et au travail ; il stimulait par ce moyen les jeunes
gens désireux de posséder la qualité de citoyen. Mais ce
stimulant devait rester presque sans effet tant que l'Etat
n'organiserait pas sérieusement l'instruction publique.
Les hommes de la Révolution conçurent, il est vrai, l'idée
d'une vaste organisation qui distribuerait largement l'instruction à tous ; ils établirent même des plans que nous
étudions aujourd'hui encore avec intérêt ; mais ils ne
purent réaliser leur projet faute de temps et de moyens.

Dans la suite, des efforts louables ont été faits dans le
même sens. Les républicains de 1848 considéraient les
bienfaits de l'instruction surtout au point de vue social et
ils estimaient que l'intérêt bien entendu de l'Etat comman-
dait de tirer le meilleur parti possible des capitaux intellectuels comme des capitaux matériels. Ils voulaient
organiser une sélection des esprits et drainer les intelligences vers les grandes écoles qui deviendraient ainsi la
pépinière des futurs administrateurs et des futurs savants.
L'idée était des plus heureuses, mais on était loin de
pouvoir la réaliser. Cette sélection suppose en effet chez

l'enfant une instruction préalable suffisante pour que ses facultés se soient déjà développées, affermies, et pour qu'on puisse ainsi juger de leur vigueur ou de leur faiblesse. Or, en 1848, l'instruction populaire n'en était encore qu'à ses débuts.

Ce ne fut que la loi de 1882 qui organisa réellement l'instruction primaire en la rendant gratuite et obligatoire. Les auteurs de cette loi n'émirent pas la prétention de donner à chacun toute l'instruction qui lui est nécessaire ou qu'il est capable de recevoir. Ils se proposèrent simplement, suivant leur propre expression « d'enseigner à l'enfant ce qu'il ne lui est pas permis d'ignorer ».

C'était bien modeste mais on pensait que pour le moment, il n'était pas possible de faire davantage.

II. — L'Enseignement primaire actuel est insuffisant

Voyons comment l'école primaire actuelle issue de cette loi de 1882 donne ce minimum d'instruction.

Le défaut capital de l'organisation de cette école peut se résumer en deux mots qui se contredisent : programmes très étendus, scolarité très courte. On a semblé croire que les esprits valent surtout par la multiplicité des connaissances acquises. D'où pour l'école primaire un raccourci encyclopédique des programmes secondaires. Le futur citoyen doit savoir telles et telles choses; il faut les lui enseigner. On n'a pas songé aux facultés à peine naissantes non plus qu'à l'insuffisance du temps accordé. En sorte que l'instituteur se trouve depuis déjà 30 ans en face de ce problème qu'il n'est pas encore prêt de résoudre : enseigner en très peu de temps beaucoup de choses à des enfants bien souvent incapables de comprendre en raison de leur jeunesse. Que peut-il faire sinon du gavage ? Il lui est impossible d'appliquer les méthodes rationnelles de pédagogie, en aurait-il le plus grand désir. Il est obligé de procéder par affirmations comme s'il enseignait une doctrine ; les élèves acceptent tout à la lettre et de confiance. Je le demande à ceux qui connaissent les programmes et les emplois du temps de l'école, à quel moment l'élève pourrait-il digérer cet amas de connaissances dont sa mémoire est farcie ? A quel moment pourrait-il passer au crible de la raison les idées et les opinions qu'on lui a inculquées pour faire le départ entre ce qui paraît bon et ce qui paraît mauvais ? A quel moment pourrait-il faire avec les matériaux qu'il aurait choisis un travail d'élaboration et de synthèse, une construction bien à lui ? A quel moment enfin pourrait-il penser par lui-même ? Ce travail est pourtant d'ordre capital ! puisque c'est celui qui fait réellement l'éducation et qui forme l'homme. Il demanderait, à supposer que l'écolier de 6 à 13 ans en soit capable, de longues heures de réflexion et de méditation ; où les trouver avec l'organisation actuelle ? Il y a trop de choses à apprendre et d'autre part, l'enfant est pressé de gagner sa vie ; le champ, l'usine ou l'atelier sont là qui le réclament instamment. L'œuvre de l'école est nécessairement incomplète. Qu'y a-t-il au juste dans le petit bagage qu'emporte l'enfant à sa sortie à 13 ans et que consacre le certificat d'études ? — Peu de chose qui soit vraiment sérieux et durable ; la part de la mémoire y est bien plus considérable que celle du jugement et de la raison. L'enfant sait la mécanique de la lecture, de l'écriture et du calcul ; il a quelques notions d'histoire, de géographie, voire de sciences et d'agriculture. On lui a parlé de ses devoirs envers lui-même et envers les autres. Admettons qu'il y ait été assidu, appliqué et que rien ne soit venu contrarier l'action de l'instituteur. Je crains, malgré tout, qu'il n'y ait dans la trop jeune cervelle que des souvenirs de mots, des connaissances purement livresques, par conséquent sans portée et condamnées à un oubli prochain. Quoi qu'on fasse, l'enfant n'a que 13 ans ; ce n'est pas un homme, ce n'est pas un adulte ; s'imaginer qu'à cet âge il peut être instruit, armé et formé définitivement pour la vie, c'est être dupe des mots. Nous l'appelons « adulte » pour ne pas nous avouer à nous-mêmes que c'est encore un enfant et que nous l'abandonnons à l'heure la plus critique, celle de l'adolescence. C'est aussi l'heure où notre action commencerait à être réellement efficace. Les facultés les plus importantes ne s'éveillent guère qu'à partir de 13 ans ; ce n'est donc qu'à partir de cet âge qu'on pourrait songer sérieusement à les développer et à les fortifier par l'éducation. C'est un non sens pédagogique que de vouloir développer des facultés qui ne sont point encore écloses. L'instituteur qui prétend faire d'un gamin un être moral, un citoyen ayant déjà des idées nettement établies, ne fera en réalité qu'un pantin ridicule. Ce n'est pas à 10 ou 12 ans que l'on peut comprendre Molière, Victor Hugo, ni même les petits manuels de morale « écrits spécialement pour les écoliers ».

***

Les cours complémentaires et les écoles primaires supérieures continuent, il est vrai, à donner l'enseignement primaire après le certificat d'études ; mais ces cours et ces écoles n'existent que dans quelques centres privilégiés ; ils ne sont pas obligatoires et, quoique l'enseignement y soit gratuit, leur fréquentation nécessite néanmoins des frais d'entretien que toutes les familles ne peuvent pas supporter. En fait, un dixième à peine des écoliers (y compris ceux de l'enseignement secondaire) continuent leurs études après 13 ans. Ce sont le plus souvent les fils de familles riches ou tout au moins aisées ; en sorte que l'aristocratie du savoir se recrute dans l'aristocratie de la fortune. La

classe sociale qui a réussi à s'approprier les biens matériels s'approprie également les biens du savoir et de l'éducation.

———

III.—Le devoir de l'Etat en matière d'enseignement

—

1° Ce que commande la justice sociale

La science, comme toutes les richesses, a été péniblement
amassée au cours des siècles ; toutes les générations y ont
contribué ; c'est le résultat d'une longue et patiente collabo-
ration ; elle appartient donc à l'humanité tout entière non à
quelques hommes seulement. C'est frustrer le peuple que de
le réduire à la portion congrue distribuée si parcimonieuse-
ment par l'école primaire. Il a le droit de connaître les
hautes joies du savoir et de la pensée qui consolent de la
privation de celles que peuvent donner le bien-être et le
luxe. Il doit avoir la possibilité de faire surgir de son sein
les intelligences qui sont le plus souvent condamnées au
sommeil ou à l'étiolement. Priver le peuple d'une instruction complète en la lui rendant inaccessible, c'est l'enfer-
mer dans ses rancunes et le replier sur lui-même ; il est à
craindre alors que le besoin d'ascension qui est en lui ne
se transforme en une sorte de frénésie insurrectionnelle.

*
**

La science a sur les autres biens l'immense avantage de
pouvoir profiter entièrement à tous et sa mise en commun
ne léserait aucun privilégié.

Le droit au savoir est incontestable et le devoir de la société est de rendre l'exercice de ce droit aussi aisé que possible à chacun de ses membres.

Indépendamment de la justice sociale, il est deux autres raisons pour lesquelles il importe de répandre largement l'instruction et l'éducation de façon que les facultés de chacun reçoivent toute la culture dont elles sont susceptibles. C'est l'intérêt de tous et l'intérêt de chacun.

2° Il faut mettre en valeur le capital humain

Le premier de tous les capitaux dont une société dispose, c'est le capital humain. Encore faut-il le faire fructifier. Si elle ne sait pas le mettre en valeur, si elle laisse en friche des intelligences qu'il suffirait de cultiver, si elle refuse de parti pris à un certain nombre de ses enfants les soins qui les mettraient en état de lui rendre un jour les plus grands services, elle ne peut s'en prendre qu'à elle-même du tort qu'elle se fait. Il importe donc directement à l'intérêt matériel et moral d'une nation de poser ce principe, non de philanthropie, mais de bonne économie politique, qu'elle entend tirer parti de toutes les ressources que la nature lui offre, utiliser tous les individus selon leurs aptitudes, porter par l'éducation ces aptitudes à leur maximum de rendement, considérer enfin tous les êtres humains comme autant de valeurs sociales dont il serait fou de gâcher la plus grande partie. C'est ce gaspillage qui est la règle aujourd'hui. Chaque année, des milliers d'intelligences remarquablement ouvertes, avides de savoir et capables d'un puissant effort sont impitoyablement sacrifiées faute de quelques centaines de francs !

Peut-être y a-t-il au fond d'un village perdu un enfant de génie qui pourrait demain apporter une grande découverte !

Proclamer le droit de chaque enfant au déploiement

complet de toutes les facultés que la nature a pu lui donner, ce n'est donc pas seulement faire acte de justice envers lui, c'est aussi faire acte de prévoyance envers la société.

3° Il faut sélectionner les esprits

Il faudrait reprendre l'idée des républicains de 1848 qui voulaient, avons-nous dit, sélectionner les esprits et drainer les intelligences vers les grandes écoles pour créer et renouveler l'élite. Tous les instituteurs, tous les professeurs, tous les inspecteurs devraient être chargés officiellement de rechercher les aptitudes diverses les plus remarquables et de présenter les sujets choisis à l'examen d'entrée des écoles qui répondraient le mieux à la culture de ces aptitudes. Aucune instruction ministérielle ne leur a jamais révélé que c'était là un des côtés les plus élevés et les plus utiles de leurs fonctions. Il est vrai qu'on ne peut décemment les encourager à pareille œuvre avant d'avoir décrété que ces écoles seront gratuites sous tous les rapports. Le jour où cette sélection se fera sur les quatre millions et demi d'enfants d'âge scolaire, quelle riche moisson de talents nous verrons éclore, quelle floraison de génies variés ! S'imagine-t-on que les quelques poètes, savants, artistes, philosophes qui émergent et que nous connaissons soient tout ce que l'humanité peut produire ? Elle serait en vérité d'une trop grande indigence. L'élite actuelle ne se recrute guère que parmi les enfants qui prolongent leur scolarité au delà de 13 ans, environ un sur dix !

4° Il faut rechercher les aptitudes diverses

Mais le rêve des hommes de 1848 était incomplet. Il ne suffît pas de rechercher seulement les aptitudes exceptionnelles. Il faut les rechercher toutes, jusqu'aux plus modestes, afin de les développer et de permettre aux jeunes gens de choisir leur voie en connaissance de cause. Il faut aussi susciter ces aptitudes. « Ce qui importe dans l'éducation, « dit Renan, c'est l'éveil des facultés ». C'est donc vers ce but que devraient surtout tendre nos efforts. Mais il semble, ou bien qu'on ait méconnu cette nécessité, ou bien que l'on ait reculé devant la tâche parce qu'on estimait qu'il y avait là quelque chose d'obscur, d'intuitif, de mystérieux, qui échappe à toute action éducative. Et c'est ainsi que des hommes traversent la vie entière sans savoir au juste quelle aptitude spéciale était en eux, pour quel travail ils étaient doués, dans quel sens ils auraient dû orienter leur existence. Le plus souvent même, ils se trouvent poussés dans des voies contraires à leurs aptitudes. Ne pourrait-on pas trouver des méthodes qui révèleraient la personnalité : promenades dans les musées, visites d'ateliers, d'usines, de fermes, de laboratoires, longues excursions pour l'étude de la faune et de la flore d'une région, à certaines heures liberté pour les enfants de travailler à leur guise pourvu qu'ils travaillent ? Que sais-je encore ? Le rabot universitaire a trop longtemps uniformisé les natures pour que nous ne nous efforcions pas par tous les moyens possibles de conserver comme très précieuse cette infinie variété d'aptitudes et de facultés qui répond précisément aux besoins des sociétés.

*
**

Cette connaissance des capacités particulières de chaque enfant est la condition essentielle d'une distribution rationnelle du travail et il importe que la tâche soit distribuée suivant les aptitudes de chacun afin que le travailleur s'intéresse à sa besogne, la fasse avec goût et soit content de son sort. Et à ce sujet, que d'erreurs il se commet chaque jour, que de fausses directions on fait prendre ou on laisse prendre aux jeunes gens lorsqu'ils font choix d'une carrière, faute de connaître leur véritable vocation ! Que de gens maudissent leur métier, travaillent mal et à contre-cœur qui eussent très bien fait s'il avaient suivi une autre voie ! Ils ne sont pas à leur place, dans leur *classe* ; ce sont à proprement parler des *déclassés*. Ils vivent une vie malheureuse alors qu'ils auraient pu connaître le bonheur. Les plaintes, les récriminations contre le travail, les à-coups, les grincements et les chocs de la machine sociale viennent le plus souvent de ces déclassés et la société souffre plus qu'on ne croit de cet état de choses. L'enfant choisit sa profession alors qu'il ignore et qu'on ignore encore autour de lui quelles seront ses vraies aptitudes, lesquelles sont encore à l'état latent. Les nécessités pressantes de la vie l'obligent à choisir trop tôt et dès lors, il s'en remet à quelque conseiller aussi peu éclairé que lui-même ou simplement au hasard. C'est la cause de bien des méprises.

*
**

Mais cette recherche des aptitudes, pour ne point manquer son but suppose chez ceux qui en sont l'objet une instruction générale suffisante. On ne peut songer à connaître le sens vers lequel s'orientent les facultés et pressentir les aptitudes spéciales qui en résulteront si ces facultés ne sont pas déjà écloses et notoirement développées. On ne connaît une vocation que lorsqu'elle s'est plus ou moins révélée. Et ici encore éclate l'insuffisance manifeste de l'école primaire.

5° Il faut cultiver les esprits d'élite et développer les aptitudes reconnues

La sélection des esprits, la recherche des aptitudes et leur classement par catégories ne représentent qu'une première étape, un premier degré d'instruction, déjà bien supérieur à notre certificat d'études. Il faut après cela, d'une part, élever jusqu'à l'élite les intelligences qu'on a reconnues supérieures et d'autre part cultiver toutes les aptitudes diverses par l'enseignement professionnel. De cette façon, on tirera tout le parti possible du capital humain. L'adolescent, au moment où il quittera l'école pour entrer dans la vie, sera vraiment à la hauteur des exigences actuelles. Et l'on ne verra plus ces statistiques affligeantes auxquelles on ne voudrait pas croire, qui établissent que près de 1/4 des recrues sont illettrées. En octobre 1912, sur un contingent de 227,000 hommes, il s'est trouvé 7,859 illettrés et 50,000 jeunes gens d'une instruction à peu près nulle, soit un déchet de 25 0/0. Une telle situation nous ramène en arrière ; l'organisation qui l'a engendrée est d'un autre âge ; il est urgent de la modifier et de la mettre mieux en harmonie avec les nécessités du temps présent.

IV. — Avantages d'une culture plus complète

1° Avantages pour la société au point de vue du développement de la démocratie et au point de vue économique.

On ne s'explique pas comment, dans une démocratie comme la nôtre, le législateur ait pu admettre à un moment donné qu'un enseignement aussi rudimentaire que notre enseignement primaire puisse suffire au peuple, alors que la bourgeoisie reçoit un enseignement complet. Y a-t-il en vérité deux nations en France ? Le suffrage de l'ouvrier et celui du paysan n'ont-ils pas la même influence sur les destinées du pays que celui du millionnaire ou de l'académicien ? Par conséquent l'homme du peuple ne doit-il pas être, au même titre que le bourgeois, préparé à bien remplir ses devoirs de citoyen ? — Il faut qu'il sache lui aussi apprécier exactement les réalités complexes de la vie publique, sans quoi sa prétendue souveraineté ne serait qu'un leurre et une dangereuse duperie. Il doit être parfaitement éclairé sur ses droits et sur ses devoirs ; il doit connaître le mécanisme du gouvernement, le mouvement économique, les tendances générales de l'évolution sociale. Il faut donc qu'il soit à la fois politicien, économiste, sociologue et tant de science ne saurait entrer dans le cerveau d'un jeune enfant. Il doit savoir ce qu'est la liberté, quel en est le prix et à quel point sont précieuses les conquêtes de nos pères sur l'absolutisme afin qu'il ait le désir de les défendre et de les continuer. Il doit savoir discerner les sophismes politiques, agir en homme libre, se soustraire le cas échéant aux influences diverses qui viennent le solliciter vers telle ou telle opinion, vers telle ou telle personne. Cela suppose évidemment des qualités morales et une certaine maturité d'esprit qui ne s'acquièrent pas dans la première jeunesse. Cet ensemble de connaissances et de vertus si nécessaires au citoyen ne peut être que le fruit d'une bonne instruction générale et d'une solide culture morale que notre école primaire est loin de pouvoir donner. C'est le fond commun que devraient acquérir préalablement tous les hommes quelle que soit leur destination sociale ; car tous sont d'abord citoyens et d'autre part, cette base est nécessaire pour fonder une sérieuse éducation professionnelle et faire ainsi de bons producteurs.

*
**

Qui mesurera l'étendue des avantages de toutes sortes qui rejailliront sur la société lorsqu'elle se décidera enfin à préparer réellement chacun de ses membres au rôle qu'il doit jouer ? — On vivra d'une vie plus haute, plus large et

plus heureuse. On ne verra plus autant de haines, aveu-
gles ; il y aura plus d'entente, plus de cordialité dans les
rapports, plus de paix, plus de tranquillité et plus de
bonheur.

Qu'on réfléchisse seulement à la plus value de la production générale dans tous les domaines lorsque chaque
producteur connaîtra parfaitement sa fonction et travaillera
suivant ses aptitudes et ses goûts ! Il est bien difficile
d'évaluer par avance cette plus value, mais elle est
certainement énorme. Il suffit pour s'en convaincre de
comparer ce que produisent deux ouvriers, l'un ignorant
et routinier, l'autre instruit, habile et plein d'initiative.
On a cité quelques chiffres pour l'agriculture ; ils ont trait
aux surcroîts de récolte qui pourraient être obtenus par la
généralisation de méthodes culturales perfectionnées auxquelles le paysan est encore réfractaire. Il est établi que
pour le blé, un triage de la semence produirait dans la
récolte un gain de deux hectolitres à l'hectare, soit pour la
France 220 à 230 millions de francs. Le roulage du seigle
au printemps donnerait trois hectolitres de plus à l'hectare
soit pour la France 50 à 60 millions de francs. La moyenne
de production de blé par hectare en France ne dépasse
guère 16 hectolitres, alors qu'elle atteint 24 hectolitres en
Angleterre. Une culture intelligente et rationnelle permet-
trait d'arriver chez nous, sinon à ce chiffre de 24 hectolitres,
tout au moins à celui de 20 ce qui représenterait une plus
value d'environ 450.000.000 de francs. De 1815 à 1887, la
production de blé à l'hectare a monté en France progres-
sivement de 8 hectolitres à 15 hectolitres. Cette progres-
sion ne s'arrêtera pas nécessairement à ce chiffre et il
serait possible de l'accélérer en instruisant davantage le
paysan. Schrader et Gallouedec dans leur livre de géographie s'expriment en ces termes :

« Par des soins plus intelligents donnés au sol, par
« l'irrigation mieux entendue, il serait facile de *doubler*
« notre richesse agricole ainsi que l'ont déjà fait d'autres

« nations contre lesquelles la France se protège par des
« droits qui renchérissent artificiellement leurs produits.
« On a calculé que sur le blé et les pommes de terre seu-
« lement, la France pourrait, en adoptant les procédés
« perfectionnés de l'Angleterre et de l'Allemagne, s'enrichir
« de 3 milliards par an. »

D'après les statistiques agricoles publiées par le mini-
stère de l'Agriculture, le total des moyennes décennales
(1900-1909) des valeurs des produits de l'agriculture en
France dépasse 9 milliards. Si, comme l'affirment Schrader
et Gallouedec, il est possible de doubler la production agricole, la plus value serait donc aussi de 9 milliards. Admettons que ce chiffre soit exagéré et n'en retenons que la
moitié, 4.500.000.000. Cela représente les quatre cinquièmes
du budget annuel. Un prélèvement de un dixième sur cette
plus value couvrirait amplement les frais nécessités par le
complément d'instruction qui l'aurait procurée. Une entre-
prise financière qui se présenterait avec de pareilles chances de succès et un avenir aussi brillant ne manquerait
pas de souscripteurs !...

Et il ne s'agit que de l'agriculture. Il est évident que de
semblables plus values apparaîtraient dans toutes les
autres branches de l'activité, car la supériorité de l'homme
instruit s'affirme également dans tous les domaines. Le
total général représenterait une somme considérable de
bien-être dont tous les membres du corps social seraient
appelés à bénéficier.

2° Avantages pour l'individu : le paysan, l'ouvrier.
Egalisation des chances
dans la lutte pour la vie. Préservation morale

A cet accroissement de bien-être matériel viendraient

s'ajouter les profits moraux résultant aussi de l'instruction
et qui rendraient la vie, particulièrement celle de l'homme
du peuple, plus complète, plus intéressante et plus heureuse.

Ici, nous quittons le domaine de l'intérêt social pour
entrer dans celui de l'intérêt individuel — si toutefois il
est permis de faire cette distinction.

***

Le paysan, contrairement à l'opinion commune, est
peut-être dans le peuple celui dont l'existence réclame le
plus d'instruction. Son activité est appelée à se déployer
dans les sens les plus variés. Ses occupations sont si mul-
tiples et si diverses qu'elles touchent vraiment à toutes les
sciences. Il faut tenir ses comptes, arpenter son champ,
lire et interpréter les indications d'un baromètre, reconnaître les engrais chimiques, percer les mystères de la
germination et de la floraison, rechercher les meilleures
races d'animaux domestiques pour le travail ou pour la
boucherie, prévenir et combattre les maladies contagieuses,
choisir le moment le plus propice pour vendre et pour
acheter, comprendre les avantages de la coopération et du
syndicat, user judicieusement du crédit, etc... L'agricul-
teur est donc à la fois comptable, géomètre, physicien,
chimiste, botaniste, zootechniste, hygiéniste, commerçant,
économiste, financier et que sais-je encore?... Il est évident qu'il remplit son rôle dans la mesure de son instruction. Précisément, il est plus apte que tout autre à s'instruire par le fait même de son état. Il n'est pas au
même degré que les autres travailleurs esclave de sa tâche.
Il vit au grand air, isolé, livré à lui-même. La nature dont
il est si près et dont le spectacle se déroule sous ses yeux
l'invite constamment à observer, à étudier, à réfléchir. Il
peut arriver ainsi à penser par lui-même et sa personnalité
se développant en toute liberté peut garder quelque chose

d'original. Même sans le secours de l'instruction, cette situation privilégiée lui permet souvent d'acquérir nombre de connaissances et de qualités intellectuelles réellement appréciables. Il ne sait peut-être ni lire ni écrire, mais il n'est pas pour cela un ignorant. Sur bien des matières, il en remontrerait à ceux qui ont des parchemins. Qu'on se hâte de l'instruire, mais cette fois sérieusement. C'est un grand malheur pour lui et pour la société qu'il n'ait pas à sa disposition tous les moyens que donne le savoir. Il serait plus attaché à son horizon, à sa terre, à son métier et il ne quitterait pas si volontiers la campagne pour aller à la ville.

*
**

Ceci est un démenti à l'opinion courante qui veut que la cause de la désertion des campagnes soit justement la diffusion de l'instruction. Qu'on jette un coup d'œil autour de soi, ce sont presque toujours les ignorants qui courent à la ville. L'armée des bonnes, des cuisinières, des femmes de chambre, des valets de toutes sortes, des cochers et des chauffeurs ne se recrute pas précisément parmi les lettrés. Qu'y a-t-il au juste à la base de cet exode troublant ? — Bien des choses, sans doute : la misère, l'ambition, mais surtout l'esprit d'aventure dont le fond est la curiosité, le désir de connaitre des joies et des plaisirs dont on a vaguement l'intuition, le besoin de voir et de savoir. En fait, c'est l'ignorance à demi consciente qui tourmente et qui pousse l'émigrant. Instruisez-le et vous le guérirez. Ce que l'on croit être le poison est bel et bien le remède mais à la condition d'en augmenter notablement la dose.

La presse, le roman, la poésie célèbrent volontiers les bienfaits et les charmes de la vie champêtre, la griserie du grand air, la majesté des forêts, le bruissement du feuillage, la splendeur des soleils couchants, le calme et le recueillement profond de la nuit étoilée... Le paysan reste généralement insensible à cette littérature n'étant pas préparé pour la comprendre. Tout le monde ne peut pas de prime abord apprécier les beautés de la nature, éprouver une douce émotion devant le feuillage agité par la brise ou devant la nuit sans voiles. Cela suppose une initiation préalable au Beau, une réelle éducation esthétique que l'homme des champs est encore loin de posséder.

Parlez de la liberté dont on jouit largement à la campagne et dont on est privé à la ville. Vous ne serez pas écouté davantage, car la liberté s'apprend comme autre chose et seuls les gens cultivés la comprennent et l'apprécient réellement. L'ignorant, non plus que le primitif, n'en sait point le prix et c'est pourquoi il en fait si volontiers le sacrifice. Parfois même elle lui pèse et il recherche la sujétion. Ne serait-ce pas dans une certaine mesure le travers de nos campagnards ?

Rappelez aussi que la terre, si elle est bien cultivée peut donner des revenus abondants et certains, que par suite c'est pure folie que de courir après la fortune alors qu'on l'a devant sa porte. Discours non moins inutile que les autres, car le paysan n'a pas encore appris le secret des moissons plantureuses auxquelles d'ailleurs il ne croit guère. L'argument serait pourtant d'un grand poids s'il pouvait être entendu. La terre retiendra son homme lorsqu'elle le nourrira largement.

Le problème de la désertion des campagnes sur lequel on gémit depuis si longtemps se ramène en somme à une question d'instruction et d'éducation.

*
**

L'ouvrier de l'industrie a aussi besoin de beaucoup plus d'instruction, non seulement pour mieux se défendre contre l'exploitation du capital, mais surtout pour réagir contre l'automatisme vers lequel le pousse journellement un travail de plus en plus divisé et par conséquent de plus en plus machinal.

Autrefois, l'ouvrier faisait un travail qui mettait en jeu toutes ses facultés. La matière brute prenait forme dans ses doigts et n'en sortait qu'après avoir reçu le dernier fini. Dans sa spécialité, il était tout ensemble manœuvre, ingénieur, artiste. Depuis l'introduction des machines dans l'industrie, sa tâche s'est considérablement simplifiée ; il n'est plus guère que manœuvre et il est à prévoir qu'il ne sera bientôt que l'un des organes de la machine elle-même, organe aveugle, faisant invariablement le même geste et sachant à peine à quelle œuvre d'ensemble il contribue. Nous sommes loin de l'horizon du paysan ! L'activité de l'ouvrier s'exerce dans un domaine vraiment trop étroit ; les facultés les plus hautes restent sans utilisation, à leur grand détriment. Si une forte instruction et de longues heures de loisir consacrées aux travaux de l'esprit ne viennent pas vivifier l'intelligence, c'est la déchéance à bref délai ; des employeurs sans scrupule la souhaitent peut-être secrètement.

*
**

L'ouvrage lui-même quelque simplifié et quelque monotone qu'il soit aura toujours plus d'intérêt pour l'ouvrier instruit que pour l'ouvrier ignorant. Il vaut mieux dominer son métier que d'en être l'esclave, se servir d'une machine que de lui être asservi.

Mais c'est surtout dans les professions, rares aujourd'hui, où la tâche présente quelque variété, où il y a des initiatives à prendre et des recherches à faire, qu'éclate la supériorité de l'ouvrier instruit sur l'ouvrier ignorant dans leurs rapports respectifs avec le travail. L'ouvrier ignorant ne peut connaître que des cas particuliers ; il est désemparé en présence d'un cas nouveau ; il cherche en aveugle, à tâtons, sans méthode ; il erre le plus souvent à moins qu'un heureux hasard ne le serve à propos. L'ouvrier instruit, au contraire, voit l'enchaînement des faits et semble se jouer des difficultés. Il est méthodique dans ses recherches et il arrive au résultat. C'est lui qui élucide les points obscurs, qui découvre les pourquoi et les comment, qui conçoit l'article inédit et qui l'exécute le premier L'œuvre le grandit au lieu de le rabaisser. Loin de se cristalliser comme l'ignorant dans le moule d'une profession au point de n'en pouvoir plus sortir, il conserve toujours une merveilleuse facilité d'adaptation. Il peut, si c'est nécessaire, et sans qu'il ait à en souffrir, changer de travail, changer d'atelier, changer d'industrie. Il est ainsi à l'abri des embarras qu'éprouve l'ouvrier ignorant au moment d'un renvoi ; il a aussi de ce chef plus de liberté et la possibilité d'améliorer son sort le jour où les circonstances le permettent. Il est infiniment mieux armé. C'est très heureux pour lui, mais cette supériorité engendrera de graves abus, car elle servira de moyen d'exploitation vis-à-vis de ceux qui sont moins favorisés.

*
**

S'il est vrai que nous soyons condamnés à subir cette fatalité qui s'appelle la lutte pour l'existence, encore devrions-nous chercher à répartir uniformément les chances entre les combattants. Nous n'en avons cure. Toutes les armes, fortune, instruction, sont entre les mains de quelques privilégiés alors que le grand nombre en reste à peu près dépourvu. C'est la lutte inégale où le vaincu est désigné d'avance ; elle est inique et odieuse. Si nous ne pouvons, pour l'instant, partager la fortune entre les combattants, efforçons-nous tout au moins de leur distribuer équitablement l'instruction. Nous n'aurons pas guéri le mal, je le sais, mais peut-être l'aurons-nous diminué en rendant le triomphe du vainqueur moins éclatant, la défaite du vaincu moins malheureuse et moins humiliante. L'instruction peut ainsi contribuer à abaisser les barrières sociales, peut-être même à les renverser car les hommes sont moins séparés par la fortune que par l'éducation.

*
**

Pour être complet, il faudrait parler du relèvement général de la moralité qui résulterait d'une plus grande diffusion de l'instruction. L'éducation morale accompagne toujours l'instruction, même lorsqu'on néglige de la faire
spécialement, car elle est la résultante naturelle, le cou-
ronnement de tous les enseignements. On peut presque
dire que l'instruction conditionne et mesure la moralité. Il
y a là une relation étroite qui a pu échapper à certains
esprits mais que les faits justifient pleinement.

L'observation de chaque jour nous apprend que les hommes véritablement moraux se rencontrent presque uniquement dans la classe instruite et que les milieux les plus
dépravés et les plus dissolus sont généralement ceux où
règne l'ignorance. C'est que la morale n'est pas une pure
intuition. Elle s'apprend, elle s'acquiert par degrés. Peu
d'hommes même sont capables d'en atteindre les sommets,
c'est-à-dire de s'élever jusqu'à la notion du devoir pur pour
y puiser les mobiles et les règles de leur conduite. La
plupart s'arrêtent à l'intérêt et le prennent pour base.
La morale de l'intérêt est la plus accessible et la plus courante. On l'accuse de manquer de noblesse. Cela dépend de
qui la pratique. L'ignorant la ravale au niveau d'un égoïsme étroit mais l'homme cultivé qui réfléchit y trouve de
fortes raisons d'être vertueux ; malgré la complexité du
mécanisme social, il saisit l'enchaînement des faits et il
arrive à connaitre les répercussions prochaines ou lointai-
nes de ses propres actes. La société humaine lui apparait
comme un organisme dont toutes les parties sont étroite-
ment solidaires, où par conséquent le bien ou le mal des
uns retentit nécessairement sur les autres. Ne se serait-il
jamais élevé au-dessus de l'intérêt particulier, qu'il trou-
verait dans cette considération des raisons de faire du bien
à ses semblables ; avec la solidarité en effet, l'altruisme
n'est qu'une forme supérieure de l'égoïsme.

A mesure qu'on approfondit davantage l'étude de soi-même et des rapports sociaux, la pratique de la vertu apparaît de plus en plus comme une nécessité vitale pour la société et pour chacun de nous comme le moyen le plus sûr de servir ses propres intérêts. Ainsi, autant l'homme est éclairé au point de vue intellectuel, autant il est éclairé au point de vue moral, autant il connaît son devoir, et les raisons qui le poussent à l'accomplir sont d'autant plus fortes qu'elles sont mieux comprises. S'il sait par exemple que les plaisirs grossiers entraînent la déchéance du corps et de l'esprit, il s'en éloignera et il se tournera vers les joies intellectuelles qui fortifient et qui grandissent. L'ouvrier cessera de fréquenter le cabaret et la question de l'alcoolisme sera à peu près résolue, le jour où il sera en mesure de comprendre les dangers qu'il court, et ce jour-là, il sera aussi suffisamment initié aux travaux de l'esprit pour pouvoir s'intéresser à la lecture, à la conférence publique, voire au cours de l'Université. Dès qu'il aura goûté de la science ou de l'art, il ne voudra plus autre chose pour occuper ses loisirs.

*
**

Enfin, il faut signaler la situation fâcheuse et pleine de périls où se trouve actuellement l'enfant entre sa sortie de l'école et son entrée à l'atelier. Cette situation, qui prendrait fin par suite de la prolongation de la scolarité nécessitée par une instruction plus complète, est proprement celle de l'abandon. En France, on peut dire que de 13 à 18 ans, l'enfant est moralement abandonné. L'école ne le veut plus parce qu'il est trop « vieux », l'employeur ne le veut pas encore parce qu'il est trop jeune. C'est donc une oisiveté de plusieurs années pendant lesquelles le petit bagage de l'école risque fort de s'évanouir ; mais ce n'est encore là que le moindre des dangers. Il faut se souvenir en effet que cette période de l'adolescence est celle où naissent les passions de l'homme ; c'est par conséquent la plus critique et la plus dangereuse au point de vue moral ; c'est celle où l'on contracte les mauvaises habitudes, les vices honteux ou dégradants, celle où l'on écoute volontiers les mauvais conseils et où l'on risque d'obéir aux pires entraînements. C'est donc juste au moment où on l'abandonne que l'enfant aurait le plus besoin de lumières, d'aide, de soutien, d'affection.

*
* *

Il est vrai qu'il y a la famille dont le devoir est de remplir d'autant mieux son office tutélaire que l'école n'est plus là. Mais qu'est exactement cette famille qui n'a pas eu le souci ou les moyens de faire continuer les études à l'enfant ? — Elle peut ne pas exister du tout, par exemple lorsque l'enfant est orphelin. Elle peut n'exister qu'à peine comme dans le cas où l'usine a absorbé la mère après avoir absorbé le père. Elle peut être ignorante, faible, impuissante. Les cas sont bien rares où elle soit réellement capable de se substituer à l'école, même dans une faible mesure. Enfin elle peut être indigne ; le cas n'est hélas ! que trop fréquent dans les bas-fonds des grandes villes. Ce n'est alors qu'un nid de misère et de désespoir, d'horreur et de crimes, capable tout au plus de former des monstres qui seront un danger social et contre lesquels il faudra un jour ou l'autre user des chaînes, des cachots et des supplices.

De fait, c'est la rue avec ses mauvaises suggestions qui est souvent la seule école de l'adolescence et cette école partage avec la famille perverse le triste privilège de produire les paresseux, les vagabonds et les criminels. L'Etat ne peut l'ignorer et cependant quel peu d'empressement il met à assainir ces deux foyers d'infection ! A la surprise et à la terreur que lui cause l'apparition de l' « apache », on croirait qu'il en ignore la genèse. L'insouciance avec laquelle il le laisse se former n'a d'égale que la sévérité du châtiment qu'il lui réserve. Est-ce imprévoyance ? Est-ce inconscience ? Oublie-t-il ce précepte qui est la sagesse même : « il vaut mieux prévenir que punir ? » Une pareille incurie équivaut presque à une complicité et lorsque arrive l'heure de la justice, le condamné expie au moins autant la faute de la société que la sienne propre. Que l'on bâtisse donc plus d'écoles, il faudra moins de prisons et la sécurité publique sera mieux assurée.

V. — Il faut prolonger l'Ecole
afin de donner aux facultés de chacun leur maximum de développement

—

1° La scolarité doit se prolonger jusqu'à 18 ans.
Enseignement général et enseignement professionnel

Ainsi, la justice, l'égalité, la prospérité, la sécurité réclament d'un commun accord le développement et la prolongation de l'école au profit de tous les enfants sans distinction.

L'idéal serait évidemment de donner à chacun l'instruction intégrale, mais une telle instruction n'est pas possible. La science est infiniment trop vaste pour qu'on puisse espérer la loger tout entière dans des cerveaux dont la capacité est parfois très restreinte. L'action de l'instruction sur les esprits ne paraît pas indéfinie, mais elle est très variable avec les individus. Dans ces conditions, exigeons d'abord que chacun apprenne au moins ce qui est nécessaire pour que ses facultés acquièrent tout le développement dont elles sont susceptibles ; ensuite, ouvrons largement la voie qui mène jusqu'aux sommets les plus élevés du savoir afin que chacun puisse arriver aussi haut que le permettront ses moyens intellectuels.

***

Dès lors, la question qui se pose est celle de savoir jusqu'à quel âge il faut prolonger la scolarité. On ne peut
évidemment répondre que par un chiffre arbitraire. Il faut
que les facultés se soient éveillées et qu'elles aient pris
ensuite tout leur développement. L'âge de l'éveil et le
temps nécessaire pour ce développement ne sont pas les
mêmes pour tous, en sorte que la limite supérieure de la
scolarité devrait varier avec chaque enfant. Mais comme il
est nécessaire de fixer un chiffre, je crois qu'on peut adop-
ter l'âge de 18 ans qui représente une moyenne. Il faut
donc que l'obligation scolaire s'étende jusqu'à 18 ans
au moins et qu'aucune espèce d'entrave ne vienne empê-
cher cette obligation d'être effective. L'obligation entraîne
nécessairement la gratuité à tous les degrés, cette gratuité
étant absolue, c'est-à-dire s'étendant aussi bien aux dépenses d'entretien qu'aux frais d'études.

*
**

Comme je l'ai déjà fait pressentir, la durée de la scolarité
se décomposera en deux périodes. La première sera consacrée à un enseignement général commun, destiné à
favoriser l'éveil des facultés, à leur donner un développement harmonique et à permettre à celles qui doivent
prendre la prééminence de s'affirmer nettement. A la fin
de cette période qui s'étendra par exemple jusquà 15 ans,
les enfants subiront un examen dont le but principal sera
de faire cette sélection des esprits et ce départ des aptitudes
que nous avons reconnus si nécessaires. La deuxième
période sera consacrée au développement des virtualités
ainsi reconnues. Les enfants exceptionnellement intelligents continueront à recevoir un enseignement général de
plus en plus élevé et de plus en plus complet. A partir
d'un certain degré, les écoles destinées à cet enseignement
pourront se différencier afin de préparer leurs élèves aux
carrières diverses : fonctionnaires, ingénieurs, médecins,
avocats, etc.

Il est évident que pour cette catégorie la scolarité devra se prolonger après 18 ans sans que l'école cesse à aucun moment d'être gratuite.

Ceux qui auront fait preuve de capacités plus modestes, c'est-à-dire la grande majorité, et qui sont surtout destinés à devenir des ouvriers, des producteurs, recevront pendant 3 ans un enseignement approprié à leurs aptitudes spéciales. Cet enseignement, sans cesser de s'adresser à l'ensemble des facultés — il ne faut jamais oublier l'homme, même quand on forme le spécialiste — sera surtout orienté du côté professionnel et il sera aussi diversifié que les aptitudes qu'il aura pour mission de perfectionner.

2° Ce qu'on fait en Allemagne

Nos voisins, particulièrement la Suisse et l'Allemagne, paraissent avoir compris avant nous ces graves nécessités car depuis déjà longtemps ils s'efforcent d'organiser l'école de l'adolescence pour les enfants du peuple et de développer l'enseignement professionnel. Ils ont reconnu que personne ne gagnait rien à l'envoi prématuré d'enfants trop jeunes en apprentissage. En Allemagne, l'enseignement primaire proprement dit est obligatoire de six à quatorze ans. A partir de quatorze ans, dans la plupart des villes, l'enfant est obligé pendant trois ans au moins, non pas de fréquenter une école du matin au soir, mais d'aller recevoir régulièrement deux ou trois fois par semaine, une heure chaque fois, un enseignement complémentaire qui entretient, affermit et complète celui du premier âge. Cet enseignement est très sommaire sans doute, mais le seul fait de ne pas abandonner définitivement le commerce du livre et du cahier, l'habitude de l'étude, le maniement de la plume, du crayon, est déjà une préservation contre le danger de l'oubli et de la rouille fatale des intelligences. Les cours, hormis ceux de dessin, se font pendant le jour ; les heures en sont prises sur la journée de travail et il est interdit de faire aucune classe après sept heures du soir. La mesure est des plus sages. Que peut apprendre en effet un jeune homme après huit ou dix heures d'un dur labeur ? — A peu près rien. La leçon risque de n'être qu'une fatigue nouvelle et le surmenage est à craindre ; nos cours d'adultes l'ont suffisamment prouvé.

Les patrons ont d'abord trouvé cette exigence gênante ; mais l'expérience les a tellement instruits qu'aujourd'hui ils sont, d'un bout à l'autre de l'Allemagne, les plus chauds partisans de ces cours et ils souscrivent eux-mêmes pour les multiplier. Ils ont vu ce que leurs jeunes ouvriers y gagnaient et entrevu l'immense plus value économique qui peut résulter pour l'industrie nationale de cette nouvelle instruction.

Le mouvement est parti de Wurtemberg où, depuis fort longtemps, l'enseignement post-scolaire existe. De là il a gagné la Prusse et les autres pays, et d'abord les grandes villes, où les socialistes ont rompu bien des lances en sa faveur. Aujourd'hui il rayonne sur toute l'Allemagne. Il y a plus de 25.000 écoles professionnelles pour les adultes de 14 à 18 ans. Plus de 16.000 de ces établissements donnent un enseignement général et sont fréquentés par plus de 350.000 jeunes gens et 250.000 jeunes filles. Les autres écoles se sont spécialisées dans des enseignements particuliers : 3.300 environ sont des écoles de commerce et d'industrie fréquentées par 540.000 jeunes gens et plus de 4.000 jeunes filles. Les écoles d'agriculture sont au nombre de 5.200 et donnent l'enseignement à 84.000 élèves.

Cette organisation est incomplète, il est vrai, mais nous sommes encore loin en France d'avoir l'équivalent.

Si nous le voulous, nous pouvons faire mieux que nos voisins.

8° Plan d'organisation
Ce que deviendraient l'école primaire et le lycée actuels

Que faut-il pour donner à toute la jeunesse cette instruction complète dont nous venons d'esquisser les grands traits et de marquer les étapes ? — Deux catégories d'écoles : les unes pour l'enseignement général, les autres pour l'enseignement professionnel. La première catégorie comprendra d'abord les écoles destinées à recevoir les enfants indistinctement jusqu'à 15 ans, puis celles, relativement peu nombreuses, qui devront permettre aux mieux doués de continuer et de parfaire leur instruction générale. La deuxième catégorie se composera des écoles que devront fréquenter de 15 à 18 ans les futurs ouvriers et les futurs cultivateurs ainsi que celles d'ordre supérieur destinées à préparer, soit aux fonctions publiques, soit aux professions libérales.

*
* *

L'école primaire actuelle deviendra l'école du premier enseignement général. A cet effet, il faudra agrandir les locaux, au moins dans la proportion de 9 à 7 puisque l'enfant sera retenu non plus seulement de 6 ans à 13 ans mais de 6 ans à 15 ans. Dans bien des cas, on sera contraint de bâtir à neuf et sur de nouveaux plans. Il est à souhaiter qu'en cette circonstance on ne craigne pas de bâtir trop grand. En effet, il est visible que le rôle social de l'école grandit chaque jour et on peut prévoir que dans un avenir prochain elle se substituera presque entièrement à la famille pour l'éducation des enfants. Elle ne donne guère aujourd'hui que les soins de l'esprit, mais elle est appelée à donner aussi les soins du corps, la nourriture, le vêtement, peut-être même le logement. Nous avons parlé plus haut de l'incapacité de la famille en général ; cette incapacité deviendra de plus en plus manifeste à

mesure que les exigences de l'éducation deviendront plus
grandes. D'ailleurs, comme les autres arts, celui de l'éducation obéit à la grande loi de la division du travail ; il
tend à se spécialiser à mesure qu'il se complique et à cons-
tituer une sorte de monopole ; des indices nombreux prouvent que l'école marche à grands pas vers la conquête de
ce monopole. Je signalerai tout particulièrement les canti-
tines scolaires qui ont pris un si grand développement
depuis quelques années et dont les services sont unanime-
ment reconnus. Cette institution est appelée à se générali-
ser et à se développer. On peut citer dans le même ordre
d'idées les distributions de vêtements, de chaussures et de
fournitures classiques qui se font déjà dans toutes les communes de quelque importance.

*
**

A n'en pas douter, l'enfant qui est encore une charge de
famille deviendra un jour ou l'autre une charge d'Etat.
C'est l'aboutissant nécessaire de l'évolution qui se produit
sous nos yeux dans les choses de l'enseignement. Faut-il
s'en plaindre, faut-il s'en réjouir ? — Certains regretteront
que la famille soit destituée de ses privilèges en ce qui
concerne l'éducation. Qu'ils songent que déjà elle renonce
souvent d'elle-même et volontiers à une grande partie des
dits privilèges puisqu'elle consent à se séparer de l'enfant
pendant les longues années d'internat, et que ces cas sont
le plus nombreux justement dans la famille bourgeoise
qui semble néanmoins la plus attachée à l'ordre de choses
existant. D'autres diront que l'Etat ne pourrait supporter
une charge aussi lourde. — Oublient-ils qu'il en supporte
déjà de fort onéreuses et qu'il en accepte chaque jour de
nouvelles ? Serait-il donc impossible de nourrir les enfants
qui sont l'espoir de demain alors qu'on nourrit les anormaux, les aliénés, les incurables, sans compter les prison-
niers et les forçats, alors qu'on assiste les vieillards et

qu'on paye des retraites ouvrières et paysannes ? D'ailleurs, si l'Etat se charge de l'enfant, la famille est allégée
d'autant et dès lors, il n'y a pas à proprement parler de
charge nouvelle.

*
**

Pour ma part, je considère cette extension de l'école
comme absolument conforme aux besoins et aux aspira-
tions des sociétés modernes. Le but de l'éducation est de
former des hommes sains, vigoureux, intelligents et instruits. Il ne sera jamais atteint d'une façon complète tant
que la famille continuera à donner exclusivement les soins
du corps. Former le corps est au moins aussi difficile que
former l'esprit. C'est un art qui s'apprend comme les
autres et seul le spécialiste peut l'exercer d'une façon
convenable. La qualité de père ou de mère n'entraîne pas
nécessairement la connaissance et la pratique des règles de
l'hygiène. Pour donner aux enfants une alimentation rationnelle, pour veiller au développement normal de leurs organes, il faut avoir, outre les moyens matériels suffisants, des
connaissances techniques sérieuses sur les propriétés des
différents aliments et sur les besoins divers de l'organisme. En vérité, peu de familles sont capables de remplir
même passablement ce rôle, en apparence si simple. Beaucoup sont dans le dénuement; quelques-unes bien que
pourvues et éclairées pèchent par négligence ou s'en remet-
tent à des mercenaires ignorants. La plupart suivent les
errements les plus fâcheux. Les pauvres n'alimentent pas
assez ou bien ils sacrifient la qualité à la quantité. L'alimentation est d'ailleurs le seul point qui paraisse attirer
leur attention; ils se croient quittes envers leurs enfants
lorsqu'ils leur « ont rempli l'estomac ». Ils ne s'inquiètent
guère du développement des poumons non plus que de la
propreté du vêtement et de l'épiderme. Ce sont pourtant là
des nécessités impérieuses particulièrement dans les clas-

ses ouvrières aux logements étroits et mal aérés. Les riches de leur côté alimentent trop, et pour ce qui est des autres soins du corps, la mode et la coquetterie les préoccupent généralement beaucoup plus que la propreté et le libre développement des organes.

*
* *

Il semble donc que l'Etat, loin de rester indifférent en face de ces trois besoins primordiaux, aliment, vêtement, logement, devrait au contraire s'efforcer de les satisfaire lui-même tout au moins en ce qui concerne l'enfant. Son devoir et son intérêt le lui commandent car la satisfaction de ces besoins conditionne, non seulement la santé de l'enfant, mais encore celle de l'homme qu'il deviendra. Elle conditionne aussi l'intelligence et par conséquent elle mesure la portée de l'instruction. L'esprit attentif et vigoureux ne loge que dans un cerveau où circule du sang abondamment pourvu d'aliments et d'oxygène. La leçon la meilleure reste sans profit devant des « estomacs mal nourris » ou des « poumons comprimés ». Les enfants paresseux et inintelligents ne sont souvent que des « mal soignés ».

La logique voudrait que l'Etat, avant même que de se charger de l'instruction se chargeât de la nourriture, du vêtement et du logement ; mais il semble en être encore au temps où le corps était considéré comme une misérable guenille et il s'en remet aux parents du soin d'entretenir cette guenille. S'obstiner plus longtemps dans cette erreur serait préparer la faillite de l'enseignement. Déjà, on déplore que la fréquentation scolaire soit défectueuse, qu'après 30 ans d'école primaire obligatoire, il y ait encore près de 25 0/0 d'illettrés, que le nombre des malades et des anormaux s'accroisse, que la natalité baisse. Tous ces maux et bien d'autres du même ordre ne sont imputables en définitive qu'à l'incapacité de la famille, laquelle n'est plus au niveau des exigences de la vie moderne. Ils ne pourront disparaître que lorsque l'Etat aura pris à sa charge la totalité de l'éducation et fait de l'école une famille agrandie qui sera la *famille nouvelle*. Nous sommes peut-être moins éloignés qu'on ne pense de cet état de choses. En rebâtissant, il sera sage de compter avec ce développement prochain de l'école. L'architecte devra prévoir la cuisine, le réfectoire, le dortoir, le vestiaire, de grands locaux faciles à transformer en ateliers, de vastes étendues de terrain pour les jeux, les évolutions de toutes sortes, les travaux agricoles. Il devra surtout être dominé par le souci de réaliser les meilleures conditions d'hygiène et de salubrité.

*
**

L'école primaire supérieure actuelle viendra continuer naturellement l'œuvre de l'école élémentaire. Elle sera installée dans le même bâtiment, placée sous la même direction et soumise au même régime. Tous les enfants devront la fréquenter jusqu'à 15 ans. En somme, les deux écoles réunies n'en formeront qu'une qui sera *l'école primaire de l'enseignement général*. A la sortie de cette école seront institués les examens en vue du choix des intelligences et de la classification par aptitudes.

*
**

Quant aux écoles professionnelles, elles pourront être installées dans les mêmes bâtiments s'ils sont assez vastes. Les mêmes maîtres, dont on aura évidemment augmenté le nombre et relevé le niveau intellectuel, pourront être chargés d'y donner l'enseignement théorique concernant les professions ; mais pour la partie plus spécialement professionnelle, elle aura des spécialistes et des praticiens. Ces écoles différeront quant au but, au caractère et au programme suivant les milieux et suivant l'ensemble des aptitudes reconnues, mais elles auront toutes un égal souci de former de bons producteurs sans négliger de parfaire l'homme et le citoyen.

***

Restent les écoles destinées à l'élite. Le lycée actuel pourra-t-il en tenir lieu ? — Oui, à la condition de modifier profondément son organisation, son programme, et ses méthodes. Malgré les efforts qu'on a faits dans ces derniers temps pour en faciliter l'accès aux enfants pauvres, malgré l'augmentation importante du nombre des bourses, il n'en reste pas moins une école de caste.

Je vois passer chaque jour devant ma porte deux écoliers également éveillés et sans doute également pourvus sous le rapport de l'intelligence. L'un est bien vêtu, il porte une belle serviette, sa démarche est fière, son œil est dédaigneux : il va au lycée. L'autre, vêtu d'effets rapiécés à la hâte, porte dans un vieux havresac quelques livres déchirés : il se dirige vers l'école primaire. Mes deux écoliers se rencontrent chaque jour à la même heure et au même endroit, mais on dirait qu'ils ne se connaissent pas. Ils ne passent pas sur le même trottoir, ils ne s'abordent jamais, ils ne s'adressent point la parole. Le lycéen regarde le petit prolétaire avec dédain et celui-ci regarde le petit bourgeois avec envie.

Pourtant ces deux êtres étaient créés pour se comprendre et pour s'aimer. Livrés à eux-mêmes, ils eussent fait peut-être leur destinée en commun. Nos préjugés les condamnent à se méconnaître, à se mépriser, à se jalouser, à se défier l'un de l'autre et plus tard à se détester. Demain l'un sera patron et l'autre ouvrier. Comment pourront-ils s'entendre ? Les préventions qu'ils ont l'un contre l'autre depuis l'âge le plus tendre ne vont pas disparaître juste au moment où les intérêts peuvent être opposés.

Si les circonstances les obligent à vivre côte à côte, ils souffriront de la disparité de leur éducation (j'entends ici l'éducation extérieure et non la formation intellectuelle). La vie en commun est pénible entre gens trop inégalement raffinés ; un homme aux manières frustes souffre du contact d'une personne cultivée qui lui impose une contrainte désagréable. L'éducation, lorsqu'elle est trop dissemblable tend à opposer les classes, les groupes, les personnes ; elle peut devenir une cause de discorde. En atténuer les grosses différences c'est pour beaucoup pacifier les esprits et les préparer à se mieux comprendre. Ce n'est assurément pas l'organisation actuelle de notre enseignement qui aidera à solutionner les conflits du travail et qui amènera la paix sociale.

*
**

Lorsqu'on voudra réellement améliorer les rapports entre patrons et ouvriers, lorsqu'on voudra créer et affermir les liens de la fraternité, il faudra commencer par faire asseoir tous les enfants sans distinction sur les bancs de la même école. La discorde et la haine séparent rarement ceux qui ont été condisciples pendant leurs années de prime jeunesse. Recevoir, au temps où l'âme est encore neuve, les mêmes leçons du même professeur, faire les mêmes devoirs, participer aux mêmes jeux, éprouver les mêmes joies, partager les mêmes affections, subir les mêmes ennuis, tout cela crée des liens qui survivront aux pires vicissitudes. Les amis d'école sont les seuls vrais amis ; on les conserve toujours ; ils deviennent de plus en plus précieux et de plus en plus chers à mesure que les années s'écoulent. Il ne saurait y avoir de vraie fraternité que dans les nations où la première école est commune à tous.

*
**

Nous crions sans cesse contre les inégalités sociales, nous demandons que la fortune et la naissance ne confèrent plus aucun privilège et nous n'avons pas l'air de nous douter que c'est nous-même qui élevons dès l'école les barrières de classe. L'institution du lycée n'est justement pas de celles qui hâteront le règne de l'égalité.

En admettant qu'il ne soit pas en notre pouvoir de rendre effectivement égaux tous les hommes de la génération présente, devons-nous y renoncer d'avance pour la génération qui nous suit ? Avons-nous le droit d'infliger aux enfants, c'est-à-dire à la société de demain, le régime d'inégalité que nous condamnons dans la société d'aujourd'hui ? Puisque nous tendons vers la démocratie sociale, il conviendrait de faire en sorte que nos enfants soient mieux que nous en mesure de la réaliser. Et pour cela, il faudrait tout d'abord faire entrer dans leur éducation les principes qu'ils auront à appliquer à la société future. Les enfants n'apprendront à se considérer comme égaux que s'ils sont élevés ensemble. Sous la Convention déjà, le citoyen Ducos proposait l'instruction en commun en vue de réaliser l'égalité : « Citoyen, disait-il, tant que par une « instruction commune vous n'aurez pas rapproché le « pauvre du riche, le faible du puissant, c'est en vain que « nos lois proclameront la Sainte Egalité, la République « sera toujours divisée en deux classes : les Citoyens et « les Messieurs. » M. Massé, rapporteur du budget de l'Instruction publique en 1905, s'exprimait en ces termes : « ... Il serait bon que les petits bourgeois puissent avoir « d'étroites relations avec les enfants du peuple appelés à « rester peuple. Ces choses se passent ainsi dans bien des « pays et personne ne s'en plaint. En Suisse, notamment « à Zurich, il n'est pas rare de voir un riche commerçant « tutoyer un ouvrier et être tutoyé par lui. »

L'école commune tendrait aussi à faire disparaître celle des inégalités sociales qui, au vrai, est la principale cause de toutes les autres. On accuse l'argent d'en être le grand facteur. La vérité est qu'aujourd'hui l'argent différencie moins les hommes que ne le fait l'éducation. On peut soutenir sans paradoxe que c'est l'inégalité du régime éducatif qui prépare et qui rend inévitables les inégalités d'ordre économique, politique et social.

Une scission profonde travaille la bourgeoisie actuelle : une partie tend vers la démocratie et rêve de s'y confondre en appelant celle-ci à elle ; l'autre semble surtout préoccupée de préserver égoïstement le fruit des victoires passées. La première, malheureusement encore la moins nombreuse, confie volontiers ses enfants à l'école primaire. La seconde les envoie aux classes élémentaires du lycée, malgré les frais d'études à payer. Cette bourgeoisie a la certitude d'être d'une essence supérieure et elle croirait compromettre sa dignité en permettant à ses enfants de coudoyer les enfants du peuple. Elle veut perpétuer dans sa descendance, en même temps que ses privilèges, l'esprit de caste. Madame la Générale ne mettra pas son fils à l'école fréquentée par le fils du cantinier. Madame la Préfète verrait encore moins volontiers sa jeune fille dans la même classe que la fille de son concierge, si bien tenus et si bien élevés que puissent être les enfants du concierge et du cantinier. Général et cantinier ne sont point de même lignage, et qu'adviendrait-il, grands dieux ! si un beau jour le fils du cantinier méritait un meilleur rang d'écolier que le fils du général ? ! — C'est du snobisme, c'est de l'orgueil, c'est un sentiment détestable fortement enraciné dans le cœur humain et que l'on peut observer sous des formes diverses à tous les degrés de l'échelle sociale. C'est uniquement par orgueil que le bourgeois préfère pour son fils le lycée à l'école primaire ; naturellement il ne l'avoue pas mais il allègue des prétextes d'opportunité.

*
**

L'école primaire, dit-il, ne réalise pas toutes les conditions d'hygiène et de confort que je désire pour mes enfants. — Je sais bien que nos palais scolaires, tout palais
qu'ils sont, ne procurent pas encore aux écoliers tout ce qui
est désirable sous le rapport de la santé et du bien-être.
Mais il faut être juste ; une chose n'est jamais parfaite du
jour qu'elle est créée. Il y a seulement trente ans, le local
de l'école primaire n'était souvent qu'une maison aban-
donnée, une grange mal appropriée, parfois un taudis
infect. Il faut reconnaître qu'il y a eu progrès depuis et
que ce progrès s'accentue chaque jour. On peut dire que
dans la plupart des communes l'école est à peu près digne
de recevoir et d'abriter tout le monde. Du reste, si le bourgeois trouve que les améliorations sont trop lentes, qu'il se
rassure : du jour où il n'y aura qu'une école pour tous, la
sollicitude des pouvoirs publics pour cette école grandira
subitement. Il se produira ce qui s'est déjà produit pour
l'armée au lendemain de la loi de 1889 qui rendait le ser-
vice militaire obligatoire pour tous. Ni dans le Parlement,
ni dans la presse, personne ne songeait aux améliorations
à apporter au casernement des troupes et d'une façon
générale à la vie du soldat ; voilà que tout à coup on dé-
couvrit nombre d'imperfections et on ne tarda pas à y
porter remède. Les locaux furent assainis, l'ordinaire fut
l'objet de soins particuliers, les officiers furent invités à
avoir un peu plus le souci de la santé et de la dignité de
leurs hommes. La discipline elle-même devint plus douce
et plus paternelle. Lorsque les hommes au pouvoir ont
intérêt à faire une réforme, pour eux et pour les leurs,
cette réforme ne tarde pas à être réalisée. Rendez l'école
primaire obligatoire pour tous et vous la verrez se transformer du jour au lendemain. Il y aura partout des bâtiments spacieux et coquets. La plus étroite surveillance
sera exercée en ce qui concerne l'état sanitaire afin de prévenir toute épidémie. Les parents seront contraints d'en-
voyer leurs enfants dans le plus grand état de propreté.

Enfin, il sera fait aux maîtres une situation très honorable et l'on exigera pour leur recrutement les garanties les plus sérieuses sous le rapport du savoir, de l'intelligence et de la moralité.

*
**

Le bourgeois craint également que son fils ne devienne grossier et brutal au contact de l'enfant du peuple. — Vous voulez faire de votre fils un homme sans doute? — Eh bien! il faut qu'il connaisse tout ce qui est humain. L'enfant du peuple dont vous cherchez à l'éloigner, il le retrouvera à la caserne et plus tard à l'usine, à l'atelier, dans les réunions publiques, à la salle du vote. Plus que vous, sans doute, il sera obligé de s'en rapprocher, peut-être pour le commander, pour le diriger, pour l'instruire, mais en tout cas pour collaborer avec lui à quelque œuvre d'intérêt privé ou d'intérêt public. J'estime que votre fils doit apprendre à connaître jusqu'aux défauts du peuple ; et ce n'est pas, croyez-le bien, parce qu'il connaîtra ces défauts, qu'il les partagera. J'espère même que, moins égoïste que vous, il cherchera à les combattre ; il s'efforcera de polir ses rustres camarades en leur communiquant les qualités qu'il tient de son milieu, sa finesse d'esprit, son amour du beau et la délicatesse de ses sentiments. Et, à son tour, n'a-t-il pas à gagner au contact du petit prolétaire ? Il se fera connaître et par conséquent il se fera aimer, ce qui est un gage de paix et de bonheur pour l'avenir. Il éprouvera cette force, cette indomptable énergie, cette foi dans le progrès que développe chez le travailleur la lutte pour vie.

*
**

Faut-il s'arrêter à l'argument de quelques arriérés qui prétendent que le bourgeois riche ne doit pas recevoir la même instruction que le peuple, puisqu'il n'aura pas besoin de travailler pour vivre et qu'il peut se payer le luxe d'un enseignement désintéressé ? — Il faut être complètement aveugle pour ne pas voir que nous marchons à grands pas vers un état social où le travail sera une nécessité pour tous.

*
* *

Autre antienne : Peut-on donner la même instruction élémentaire à tous indistinctement, à celui qui sera laboureur et à celui qui sera avocat ? Ne convient-il pas de donner, dans l'intérêt même du corps social, au futur avocat, au futur magistrat, au futur médecin une instruction élémentaire spéciale qui soit en quelque sorte une préparation aux études élevées qu'exigent ces fonctions ? — Observons d'une part qu'il est impossible de savoir à l'avance quelle profession embrassera un enfant. Le père de famille peut dire : je ferai de mon fils ceci ou cela ; il ne fait qu'exprimer un vœu. Les aptitudes de l'enfant et les circonstances particulières dans lesquelles il se trouvera décideront de la voie à suivre, et il arrivera souvent que cette voie sera tout autre que celle qu'on avait prévue. Tel que l'on destinait à une profession libérale n'a jamais pu dépasser les limites d'un savoir élémentaire ; tel autre par contre qui semblait destiné à suivre la charrue de son père fait preuve d'une grande intelligence et conquiert des diplômes. D'autre part, les premiers éléments du savoir ne sont-ils pas en somme les mêmes dans toutes les écoles ? Qu'on se destine à n'importe quelle profession, ne faut-il pas commencer par apprendre à lire, à écrire et à compter ? par s'initier aux premiers principes de la science et de la morale ? — Il y a un fonds d'instruction et d'éducation qui est nécessairement le même pour tous et c'est ce fonds commun qu'il faudrait faire acquérir à l'école commune.

*
* *

En somme, l'Etat entretient deux sortes d'écoles qui visent au même but, qui enseignent en suivant le même programme et par conséquent qui se font concurrence. Il n'y a en effet aucune différence, sinon quant à la provenance des élèves, entre les classes élémentaires des lycées et l'école primaire, non plus qu'entre certaines classes moyennes et l'école primaire supérieure. Mais le lycée n'est pas gratuit, de sorte que l'accès n'en est permis qu'à l'enfant du bourgeois, tandis que l'école primaire gratuite est seule ouverte au peuple. La seule raison d'être de cette fâcheuse dualité est de permettre aux enfants des bourgeois aristocratisants et des employés et ouvriers bourgeoisants d'éviter le contact, le frottis des enfants de la démocratie laborieuse. A tort ou à raison, l'Etat estime qu'il convient de tenir compte de ces préjugés.

Chaque année, au moment de la discussion du budget, des parlementaires demandent qu'il soit remédié à cet état de choses, notamment que les classes élémentaires des lycées soient supprimées et que tous les enfants soient tenus de passer par l'école primaire. Le ministre de l'Instruction publique répond presque invariablement : « Cette réforme est désirable en soi mais elle est inopportune. Je suis obligé de faire état des désirs des familles et j'ai la conviction que si nous supprimions les classes élémentaires des lycées, les enfants qui les fréquentent iraient bel et bien à l'enseignement congréganiste ». Il est regrettable que l'Etat soit tenu à de pareils ménagements.

*
**

Cette organisation en se perpétuant cause le plus grand tort au développement de l'esprit démocratique. Ce n'est pas impunément qu'on classe les enfants dès leur plus tendre jeunesse en riches et en pauvres, en payants et en non payants. Ces distinctions, loin de passer inaperçues comme on le croit peut-être, exaltent plus qu'il ne convient l'orgueuil des uns, blessent trop vivement l'amour-propre des autres. Il est immoral de dire à un enfant : « Tu es un des favorisés de la fortune » comme il est cruel de dire à un autre : « Tu es un déshérité et un malheureux ». La vie qui s'ouvre à peine devant eux le leur apprendra assez tôt.

Dans certains milieux, le fait d'avoir été élevé à l'école primaire gratuite est considéré presque comme une tare. J'ai surpris un jour dans une discussion le propos suivant : « ...Moi « j'ai payé pour mon éducation, tandis que vous, vous avez « été élevé gratuitement. Je ne dois rien à l'Etat et je peux « en prendre à mon aise à son endroit, tandis que vous, « vous êtes son débiteur ». Cet argument mérite d'être examiné de près.

En 1907 la population des écoles publiques en France (écoles maternelles, écoles primaires, cours complémentaires, écoles primaires supérieures) était de 5.193.608 élèves et le budget total de l'enseignement primaire, y compris la part des communes, s'élevait à 283.337,000 francs, de sorte que, si je compte bien, *chaque élève d'école primaire coûtait environ 54 francs au denier public.* (Statistiques de l'Enseignement primaire, tome 8.) Je n'ai pas les chiffres concernant l'enseignement secondaire pour la même année, mais voici ceux de 1909 puisés dans le « Rapport de M. Maurice Fauré sur le Budget de l'Instruction publique ». Au 1ᵉʳ novembre 1908 la population des lycées, collèges et cours secondaires était de 130.960 élèves et les sommes prévues pour couvrir les dépenses de cet enseignement en 1909 s'élevaient à un total de 35.011.227 francs. *Chaque jeune secondaire coûte donc en moyenne au denier public 267 fr. Ainsi, l'élève payant coûte à la collectivité cinq fois plus que l'élève non payant.* Ces chiffres montrent de quel côté sont les débiteurs et les créanciers. Ils valent la peine d'être retenus. Le bourgeois qui se vante d'avoir « payé son éducation » devrait bien les méditer.

*
* *

Le lycée tel qu'il est organisé, n'est pas à sa place dans une démocratie. Il est vrai que dans ces derniers temps on a cherché à en rendre l'accès plus facile au peuple en permettant aux élèves de l'enseignement primaire d'entrer directement dans le premier cycle de l'enseignement secondaire, en multipliant les bourses d'entretien et en accordant des remises universitaires. Plus de 5 millions ont été en 1911 affectés à cet objet. Mais en fait, ces bourses et ces remises ne profitent guère qu'à la petite bourgeoisie car elles sont accordées par fractions et à des enfants qui sont déjà au collège ou au lycée. Sur les 4 millions d'enfants des écoles primaires publiques, il y en a tout juste 400 qui par ce moyen, passent au lycée ; et sur ces 400, 15 0/0 seulement sont des fils d'ouvriers ou de cultivateurs. (*Journal officiel* du 14 février 1911.) *Soixante sur quatre millions*, c'est une proportion dérisoire ! Il faut noter de plus que ces rarissimes favorisés, noyés parmi les bourgeois, en épousent bien vite l'esprit et les préjugés. Ils n'ont garde de jamais revenir à leurs origines dont quelques-uns du reste rougissent. M. Massé, dans un de ses rapports sur le budget de l'instruction publique, dit : « Les enfants du « peuple qui sont au lycée sont appelés à sortir du milieu « qui est le leur pour entrer dans un autre, grâce à l'ins- « truction qu'ils reçoivent ».

Bourses et remises sont des palliatifs notoirement insuffisants qui n'empêchent pas l'enseignement secondaire d'être un enseignement de caste. Elles sont du reste condamnables dans leur principe en tant qu'elles ne profitent qu'à quelques-uns, car elles consacrent et perpétuent les catégories de payants et de non payants.

***

Pour faire du lycée actuel *l'école de l'élite* dans la nouvelle organisation, il faudra d'abord le débarrasser de toutes les classes qui feraient double emploi avec celles de l'école du premier enseignement général, le réduire à ses classes supérieures qui se continueront tout naturellement par les facultés et les grandes écoles. Il faudra ensuite modifier les programmes de façon que l'enseignement donné soit la suite logique du précédent. Recrutée uniquement parmi l'élite, cette école donnera d'autres résultats que le lycée actuel. De l'aveu même des professeurs, un grand nombre de lycéens ne profitent pas de l'enseignement qu'on leur donne, les uns par paresse, les autres faute de moyens intellectuels suffisants. Ils perdent leur temps ; ils occupent inutilement une place dont bien d'autres profiteraient ; ils gênent le maître et les camarades mieux doués ; ils retardent les études ; c'est le bloc massif, le poids mort parfois très lourd que la classe traîne péniblement. Pourquoi le lycée s'obstine-t-il à vouloir instruire des cancres et des pauvres d'esprit ? M. Massé dans son « Rapport du budget de 1906 » en donne une raison qui est à signaler. « D'étranges abus, dit-il, se sont glissés dans « notre Université, du fait que les familles des élèves « paient, du fait que les élèves sont des clients, et « l'administration de chaque lycée semble avoir ren- « chéri encore sur la conception de principe de l'adminis- « tration centrale. Combien de concessions indignes de « l'Université consenties par nos proviseurs en raison du « maintien de certaines unités ! Le plus intolérable des « scandales résultant de ce respect excessif de l'élève en « tant que client, c'est que, dans un grand nombre de « classes, pour ne pas dire dans toutes, on maintient des « élèves qui, tant par leur mauvaise conduite que par leur « inaptitude intellectuelle, retardent la marche des études. « Il faut sacrifier impitoyablement ces élèves qui n'ont « d'autre raison d'être au lycée que la régularité de leur « compte à l'économat ».

Pourquoi le père de famille, à son tour, ne se hâte-t-il pas de mettre fin à ce séjour forcé et somme toute déprimant ? — Il espère toujours ; il ne veut pas avouer que son

fils est un incapable ou un professionnel de l'indiscipline. Parfois il a d'autres raisons. Je continue la citation ci-dessus : « Un antre scandale, c'est assurément l'interven-
« tion de certaines familles qui semblent n'avoir mis leurs
« enfants dans nos lycées que pour des raisons stratégi-
« ques. Il y a des élèves embusqués dans certaines classes
« comme des vigies chargées de donner l'alarme lorsque
« l'enseignement des maîtres contrarie les tendances de
« certaines oligarchies locales ! Ce serait arriver à de bien
« dérisoires résultats, s'il suffisait des manœuvres de quel-
« ques individualités pour étouffer par une sorte de terreur la
« parole des maîtres formés dans nos Facultés ou à l'Ecole
« normale supérieure ! Quelle dérision si on abandonnait
« les maîtres les plus dévoués à une sorte de terreur blan-
« che organisée par des familles « bien pensantes », qui
« font trembler nos proviseurs et qui, d'un geste, peuvent
« enrayer ou briser la carrière de nos professeurs ! »

Du fait même de sa gratuité et de son mode de recrute-ment, l'école de l'élite ne méritera jamais d'aussi sanglants reproches.

*
**

Le plan d'organisation que je viens d'exposer peut se résumer dans le tableau suivant :

Pour tous les enfants

de 6 à 15 ans

Ecole du premier

enseignement général.

A la sortie,

examens en vue du choix

des intelligences

et de la classification

par aptitudes

Pour l'élite de 15 à 18 ans

Ecole de l'élite.

Continuation

de l'enseignement général.

A 18 ans, examen

pour le départ des aptitudes

et le choix

d'une carrière

Pour la masse de 15 à 18 ans

Ecoles professionnelles.

Enseignement théorique et pratique diversifié

suivant les aptitudes reconnues

Facultés et grandes écoles

Enseignement diversifié

suivant le but poursuivi :

sciences, lettres, arts,

droit, philosophie, etc.

Gratuité absolue à tous les degrés

*
* *

Depuis plus d'un siècle, un grand nombre d'écoles spéciales, plusieurs ordres d'enseignement on été créés, non d'après un plan d'ensemble préalable comme le voulait Condorcet, mais au fur et à mesure des besoins les plus apparents de chaque époque. Il en résulte que l'ensemble de nos établissements d'instruction forme un tout disparate, sans lien, sans harmonie, sans unité. Le travail le plus immédiat à faire serait de classer, de superposer toutes les écoles. Le système dont j'ai exposé les grandes lignes me paraît répondre à ce besoin de coordination ; mais ce n'est là qu'un mince profit. L'immense avantage de sa mise en pratique serait avant tout d'obliger la société à remplir jusqu'au bout son office tutélaire vis-à-vis de l'enfant, à le conduire par la main du berceau à l'école et de l'école à l'atelier, à lui fournir les instruments de travail les meilleurs et les mieux appropriés, enfin à ne le laisser entrer dans la vie qu'après s'être assuré qu'il est tout au moins capable de se suffire. Il aurait aussi pour résultat d'assigner à chacun dans le groupe social une place mieux en rapport avec ses goûts et ses capacités, de faire produire au capital humain un bien meilleur rendement, de résoudre la grave question de l'apprentissage et de combler le vide navrant qui existe pour un trop grand nombre entre la sortie de l'école et l'époque du travail régulier.

VI. — Objections

Belle conception ! dira-t-on, mais l'Etat a-t-il les moyens matériels de la réaliser ? Assurer la gratuité absolue d'un enseignement obligatoire pour tous jusqu'à 18 ans représente un très gros sacrifice d'argent. Ce sacrifice est-il possible ? — L'argument financier est toujours l'argument suprême qu'invoquent ceux qui ne désirent pas telle réforme projetée, qui la craignent, qui la jugent de nature à nuire à leurs intérêts ou à contrarier leurs habitudes. C'est le présent qui se défend contre l'avenir en lui représentant sa propre impuissance à faire régner plus de justice et de bonheur.

Toutes les grandes réformes ont au premier abord paru impossibles à réaliser faute d'argent. Et que d'ajournements, que d'atermoiements elles ont dû subir avant d'être accomplies ! Le plus souvent, au lendemain de leur mise en vigueur, leurs détracteurs eux-mêmes sont obligés d'avouer qu'elles étaient parfaitement possibles et on se prend à regretter qu'elles n'aient pas été réalisées plus tôt.

**

Malgré les apparences, l'argument financier n'est pas le principal obstacle à l'aboutissement des réformes. S'il en était autrement, telle loi sociale, telle loi militaire dont l'application a coûté des centaines de millions, voire le milliard n'eussent jamais vu le jour. Une réforme se fait toujours lorsqu'il est démontré qu'elle est nécessaire et surtout lorsque le pouvoir la veut absolument. Comme toutes les autres, la réforme scolaire se fera lorsqu'on la *voudra*.

D'autre part, s'il est sage de calculer préalablement ce que coûtera une réforme, il est non moins sage de calculer aussi ce qu'elle rapportera ; en l'espèce, nous avons eu déjà un aperçu des plus-values que donneraient à la production nationale un plus grand développement de l'instruction. L'Etat retrouverait au centuple ce qu'il aurait dépensé et il n'aurait fait en somme qu'un placement à gros intérêt ; son devoir n'est pas seulement d'économiser, mais aussi de savoir dépenser à propos. On ne ferait jamais aucune réforme si on s'obstinait à ne voir que les sacrifices qu'elle réclame et ce serait la négation même du progrès.

**

« Les impôts augmentent sans cesse et tarissent les
« sources vives de la richesse nationale ; l'agriculture,
« l'industrie et le commerce périclitent ; la dette augmente,
« nous courons à l'abîme. » Depuis le temps que nous
entendons ces jérémiades, il est surprenant que nous
n'ayons pas fait cent fois banqueroute ; plus surprenant
encore de voir de tous cotés l'activité nationale grandir, la
richesse s'accumuler, le bien-être augmenter, la rentrée
des impôts accuser des plus values énormes ! Serions-nous
dupes des mauvais prophètes ? — Je le crois. — J'ai sous
les yeux un article de M. Gauthier, sénateur, ancien
ministre, intitulé : *Dépenses budgétaires et fortune publique*
(*L'Information* 10 juillet 1913).

L'auteur se demande « si la fortune publique s'accroît
« parallèlement à l'accroissement des dépenses budgétaires
« et si la contribution prélevée par l'Etat, les départements
« et les communes sur les budgets individuels ne constitue
« pas une emprise proportionnellement plus large qu'elle ne
« le fut jamais et ne met pas un obstacle au développement
« de la richesse nationale. » Il note qu'en 1844 le capital
national était évalué approximativement à la somme de
64 milliards, qu'il produisait un revenu annuel de quatre
milliards auxquels venaient s'agréger tous les ans quatre
autres milliards représentant le produit net de l'activité
nationale, ensemble 8 milliards. A la même époque, le
montant cumulé des dépenses budgétaires de l'Etat, des
départements et des communes était voisin du chiffre de
1900 millions et représentait à peu près *24 pour cent du
revenu national.*

« Par ailleurs, lorsque en 1907, M. Caillaux déposa le
« projet d'impôt sur le revenu il évalua à 23 milliards le
« revenu totalisé du pays. Au même moment, les dépenses
« budgétaires de l'Etat, des départements et des communes

« atteignaient ensemble le chiffre de 5 milliards 604 mil-
« lions et se trouvaient absorber *24 pour cent* du revenu
« fixé plus haut. Si l'on considère que le capital dont
« dispose le pays s'accroît annuellement d'environ 5 mil-
« liards, il doit atteindre aujourd'hui un chiffre supérieur
« de 35 milliards à celui de 1907. De ce chef, le revenu,
« fixé en 1907 à 23 milliards, doit être, à cette heure,
« majoré d'un milliard et demi et porté à 24 milliards et
« demi. A supposer, ce qui est vraisemblable, que le revenu
« du travail ait progressé dans les mêmes proportions et
« se soit accru, lui aussi durant la même période, d'un
« milliard et demi, il faut en conclure que les ressources
« totales annuelles dont dispose actuellement la nation se
« chiffrent par 26 milliards.

« D'un autre côté, les dépenses budgétaires cumulées des
« communes, des départements et de l'Etat s'élèvent à
« six milliards 605 millions ; le prélèvement annuellement
« opéré par le fisc sur le revenu totalisé du capital et du
« travail atteint donc et dépasse légèrement *25 pour cent*
« de ce revenu.

« ... Ces chiffres permettent d'affirmer que le fisc, en
« dépit de ses exigences toujours croissantes, ne se taille
« pas encore dans le revenu national une part dépassant
« proportionnellement celle qu'il s'y taillait en 1844 et en
« 1907 et que, pas plus aujourd'hui qu'à ces deux époques,
« il n'oppose un obstacle dirimant au développement de
« la fortune publique. »

*
**

Autrement dit, les impôts considérés en tant que part du
revenu *n'ont pas varié depuis 70 ans !* Il n'y a donc pas
lieu de s'alarmer. La vérité, c'est que les possibilités budgétaires sont loin d'être épuisées ; dès qu'on le voudra, on
pourra faire au Budget de l'Instruction publique les dota-

tions nécessaires pour donner à tous les Français l'instruction complète.

Contrairement à ce que répètent chaque jour les ennemis de l'école, ce budget, malgré ses exigences, n'a jamais mis en péril les finances du pays ni menacé de tarir les ressources nationales. Qu'on en juge par les chiffres : Les dépenses budgétaires de l'Etat prévues pour 1910 s'élevaient à 4.185.382.482 francs. Dans ce total, les rentiers (Dette publique) devaient émarger pour 1.269.367.202 francs, la défense nationale (Guerre et Marine) pour 1.247.725.982 fr. et l'Instruction publique pour 282.426.039 francs. (*Journal officiel* 10 avril 1910.) Ainsi, sur 15 francs de dépenses, 5 francs seraient absobés par la dette, 4 fr. 45 par la Guerre et la Marine, 1 franc par l'Instruction publique. Comme l'impôt représente approximativement le quart du revenu national, on voit que *un soixantième* seulement de ce revenu est affecté à l'instruction de la jeunesse ! C'est vraiment trop peu.

Ainsi, l'argument financier n'est pas péremptoire.

*
**

Il en est deux autres qui visent le fond même de la réforme et qu'il convient aussi de réfuter.

On dit couramment : l'instruction créera à l'ouvrier de nouveaux besoins que ses revenus ne lui permettront pas de satisfaire complètement ; dès lors, il sera plus malheureux. — Mais, est-ce que la vie humaine n'est pas d'autant plus complète, n'a pas d'autant plus de prix qu'il y a plus de besoins à satisfaire ? Est-ce que le progrès de l'humanité ne se mesure pas justement par le nombre de besoins matériels, intellectuels, moraux, artistiques qui apparaissent successivement ? Les gens qui ont de tels scrupules rêvent sans doute de nous ramener à l'âge des cavernes. Consentiraient-ils eux-mêmes à revenir à la vie simple ?

— C'est fort douteux. Au fond, ils craignent que l'ouvrier, en s'instruisant, ne devienne plus exigeant, moins docile et, disons-le, plus difficile à exploiter. L'argument n'est qu'une façade derrière laquelle se dissimulent des prétentions moins avouables ; l'égoïsme prend le masque de la pitié.

Une autre opinion fort accréditée veut que l'instruction engendre des paresseux. — Il arrive assez souvent, il est vrai, que le fils du paysan ou de l'ouvrier qui a reçu de l'instruction estime que ses capacités lui permettent d'embrasser une profession plus lucrative et réputée plus honorable que celle de ses parents. Dans cette profession, il devra, cela va de soi, être actif, — activité de ses bras ou activité de son esprit. Est-ce là faire acte de paresse ? Doit-on être rivé de père en fils au même métier et n'a-t-on pas le droit de s'élever, si on le peut, dans l'échelle sociale ? Si le savoir invite au farniente, il doit en résulter nécessairement que les grands savants ont été de grands paresseux, et c'est un point qui, je crois, serait difficile à établir. La vérité est toute autre. Le savoir incite à l'action, en rendant le travail plus attrayant parce que mieux compris et plus productif. Il faut chercher ailleurs les causes de la paresse.

Il y aura des paresseux tant qu'on aura sous les yeux le spectacle écœurant de l'injustice sociale s'étalant sous le couvert de la loi, tant qu'il y aura des « fils à papa » escomptant la succsesion paternelle pour vivre dans l'opulence, tant que la société n'aura pas su donner à ses déclassés une profession en rapport avec leurs capacités et conforme à leurs goûts. Il y aura des paresseux tant qu'il y aura des enfants abandonnés à tous les dangers de la rue sans nourriture suffisante, sans soin, sans surveillance. Il y aura des paresseux tant qu'il y aura de la misère, de la grossièreté, de la débauche, tant qu'on s'obstinera à boire de l'alcool, à fumer du tabac ou à s'empoisonner de quelque autre manière. Il y aura des paresseux enfin tant qu'on n'aura pas donné aux anormaux de toutes sortes une éducation appropriée, tant qu'il y aura des tares héréditaires et qu'on permettra aux tarés de créer une famille. Et comme la plupart de ces maux sociaux sont en définitive le cortège de l'ignorance, *il y aura des paresseux tant qu'il y aura des ignorants.*

TABLE DES MATIÈRES

www.ingramcontent.com/pod-product-compliance
Lightning Source LLC
LaVergne TN
LVHW022032080426
835513LV00009B/1004